Inhaltsverzeichnis

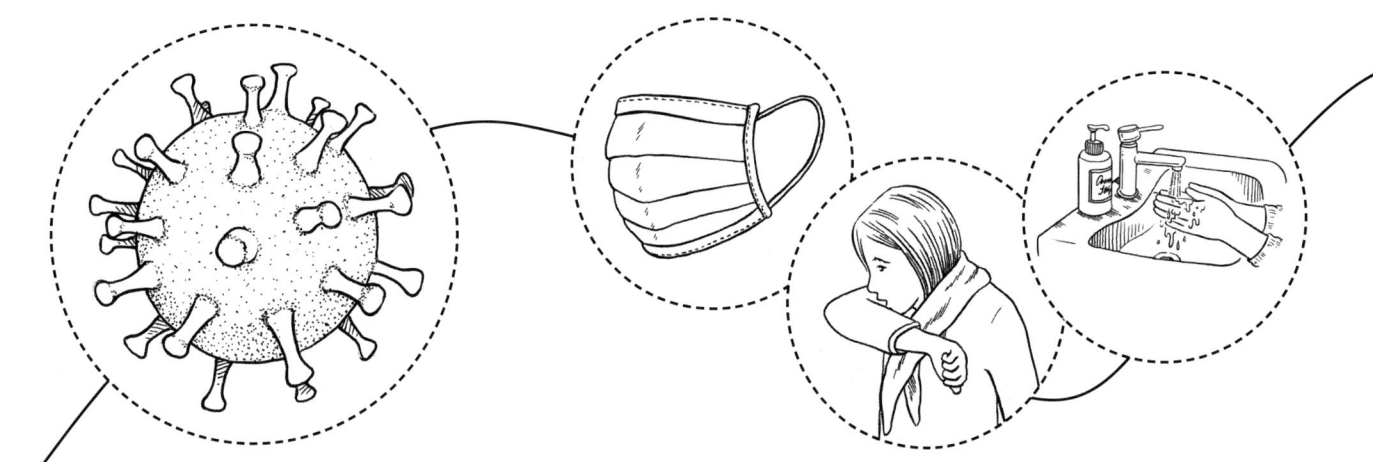

Vorwort

Nichts in den letzten Jahren oder Jahrzehnten hat unseren Alltag so verändert wie die Corona-Pandemie und die daraus folgenden Schulschließungen. Zu Hause lernen, Abstand halten, Freunde und Großeltern nicht mehr treffen, Mund-Nase-Schutz tragen ... unser aktuelles Leben ist grundlegend anders als vorher.

Viele haben die Ausbreitung des Virus in den Medien genau verfolgt, haben sich Zahlen der Infektionen angesehen und sich mit den daraus folgenden Maßnahmen beschäftigt. Auch Kinder machen sich Gedanken, verfolgen das Geschehen und möchten alles erklärt haben. Wer informiert ist, wer sich mit seinen Gedanken auseinandersetzen darf, der hat weniger Angst oder Sorgen und kann seinen Alltag besser gestalten.

Deshalb fasst dieses Material das Wichtigste über das Corona-Virus und die Folgen für uns zusammen und ermöglicht es, sich damit auseinanderzusetzen und es zu verarbeiten. Es kann mit oder ohne Begleitung bearbeitet werden und ist selbsterklärend gestaltet.

Für jeden Themenaspekt gibt es einen kindgerechten Infotext. Dieser enthält grundlegende Informationen, die verständlich formuliert sind. Da sich die wissenschaftlichen Erkenntnisse über das Virus und seine Verbreitung mit der Zeit ändern, werden hier keine tiefgreifenden Erklärungen gegeben, sondern die gesicherten Grundlagen vermittelt: Was ist das Virus überhaupt? Wo kommt es her? Wie hat es sich verbreitet? Was ist eine Pandemie? Wie können wir uns schützen – zu Hause, unterwegs und in der Schule? Neben Informationen zu diesen Fragen werden auch Denkanstöße gegeben, wie die Rückkehr an die Schule gelingt, wie man seinen Alltag zu Hause gestalten kann und Wünsche formuliert, wie es sein könnte.

Zu den Informationen gibt es passende Falt- und Bastelanleitungen. Schritt für Schritt entsteht so ein Faltbuch mit verschiedenen Aspekten, die übersichtlich und verständlich gesammelt werden. So hat man am Ende auch eine Dokumentation für später.

Die Form des Faltbuches kann den Möglichkeiten entsprechend variabel gestaltet werden. Je nachdem, welche Materialien vorhanden sind, wird es ein klassisches Lapbook in DIN A3 oder ein Faltbuch auf kleineren Seiten. Dazu werden verschiedene Anleitungen angeboten.

Das Ergebnis kann im Unterricht präsentiert oder einfach zu Hause als Nachschlage-Werk genutzt werden.

Ihr BVK Buch Verlag Kempen

BVK • Lapbook „Corona"

Über das Arbeiten mit diesen Materialien

Erstellung des Lapbooks

Für die Erstellung des Lapbooks gibt es **drei verschiedene Varianten** – je nach vorhandenem Material.

1) Großes Lapbook aus Tonkarton: Jedes Kind benötigt einen Bogen Tonkarton in den Maßen 50 x 70 cm. Mit Hilfe des Titelblattes (s. S. 6) gestalten die Kinder die Außenseite des Lapbooks.

2) Faltbuch aus kleinem Tonkarton: Jedes Kind benötigt zwei Bogen Tonpapier in DIN A4. Diese werden mit Klebeband quer oder längs aneinandergeklebt.

3) Faltbuch aus einfachem Papier: Jedes Kind benötigt 4 einfache weiße Blätter und das Titelblatt. Die Seiten werden an der linken Kante gelocht. Die Lapbook-Elemente werden zunächst gelegt und dann in einer günstigen Konstellation geklebt. Anschließend können mit einem Band oder einem Wollfaden die gelochten Seiten zu einem Buch zusammengebunden werden.

Als **Arbeitsmaterial** benötigen die Kinder Bunt- und Schreibstifte, Kleber, Scheren, ggf. Prickelnadeln, weiße DIN-A4-Blätter, kleine Notizzettel, Musterklammern für „Das wünsche ich mir – Wolkenfächer" (s. S. 28).
Für die Innenseite des Lapbooks „Corona" wählen die Kinder unterschiedliche Elemente aus und bearbeiten diese in beliebiger Reihenfolge oder zum Abschluss eines Teilthemas.

Die Anleitungen für die einzelnen Elemente befinden sich jeweils auf den **Auftragskarten.** Diese können Sie auch mit den Kindern gemeinsam lesen. Die passenden **Kopiervorlagen** befinden sich direkt hinter oder auf den Auftragskarten.

Weisen Sie die Kinder vorab darauf hin, dass ┈┈┈ **gepunktete Linien** Ausschneidelinien, --- **gestrichelte Linien** Knickkanten und / / / **schraffierte Flächen** Klebeflächen sind.
Die einzelnen Elemente kleben die Kinder anschließend wie auf den Auftragskarten beschrieben an eine ausgesuchte Stelle im Lapbook. In diesem Heft sind insgesamt 9 Elemente enthalten. Damit diese auch alle in die Lapbooks der Kinder passen, weisen Sie Ihre Schülerinnen und Schüler bitte darauf hin, die Elemente zunächst zu legen und diese dann erst platzsparend einzukleben.

Die Lapbooks werden in Einzel- oder Partnerarbeit erstellt. Als Abschluss besteht die Möglichkeit, dass sich die Kinder die Arbeiten gegenseitig vorstellen, zum Beispiel in Form einer mündlichen Präsentation oder eines Museumsrundgangs.

Internetseiten

- *www.zdf.de/kinder/logo/wichtige-infos-zum-coronavirus-100.html*
- *www.wdrmaus.de/extras/mausthemen/corona/index.php5*
- *www.zeit.de/gesellschaft/familie/2020-03/fragen-coronavirus-kinder-einfach-erklaert-viren-homeoffice-ansteckung*
- *www.geo.de/geolino/mensch/22742-rtkl-medizin-fragen-und-antworten-zum-corona-virus*
- *www.seitenstark.de/kinder/spezial*

Mein Coronabuch – Lapbook (groß)

1. ✏ Male das Titelblatt an.

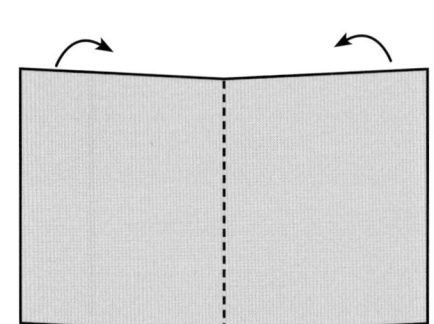

2. 📖 Knicke das Blatt in der Mitte
   und falte es wieder auseinander.
   ✂ Schneide das Titelblatt auseinander.
   ✂ Schneide dazu am Knick entlang.
   Er zeigt dir, wo die Mitte ist.

3. 📖 Falte einen Tonkarton
   einmal in der Mitte und
   klappe ihn wieder auf.

4. 📖 Falte dann die beiden Seiten
   des Tonkartons nach innen bis zur
   Mitte (jeweils ca. 17,5 cm).
   Du kannst dich an dem Knick
   in der Mitte orientieren.

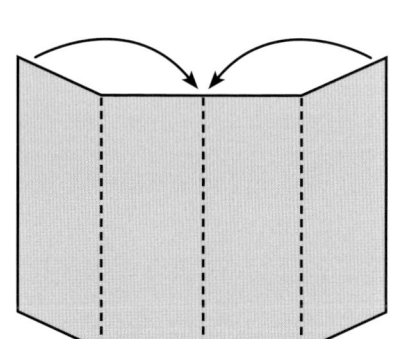

5. 🖊 Klebe die beiden Seiten
   des Titelblattes vorn auf
   den Tonkarton.

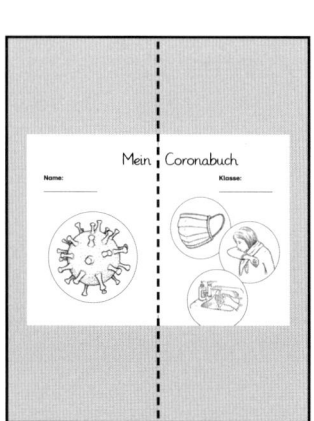

6. ✏ Schreibe deinen Namen
   und deine Klasse auf das Coronabuch.

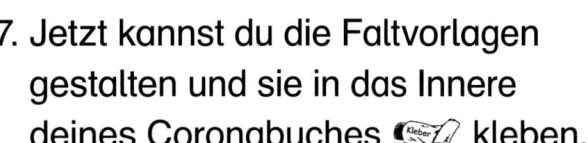

7. Jetzt kannst du die Faltvorlagen
   gestalten und sie in das Innere
   deines Coronabuches 🖊 kleben.

⋯⋯⋯⋯⋯	= Linien zum Schneiden
‒ ‒ ‒ ‒	= Linien zum Knicken
/ / / /	= Flächen zum Kleben

Mein Coronabuch – Lapbook (gebundenes Faltbuch)

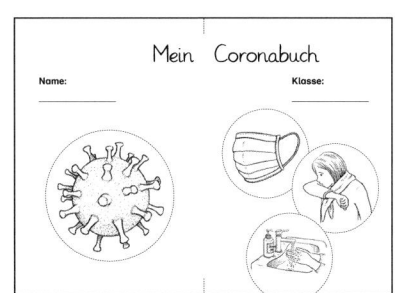

1. 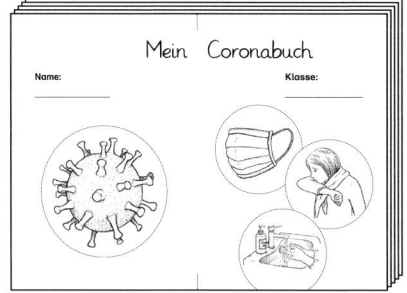 Male das Titelblatt an.

2. Lege das Titelblatt auf 4 weitere weiße Blätter.
   Sie sollten quer vor dir liegen.

3. Loche die Seiten am linken Rand.

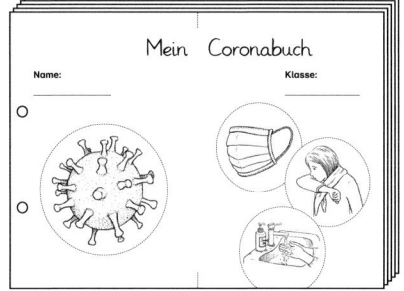

4. Gestalte die Faltvorlagen
   und lege sie auf die Seiten.
   Wenn dir die Anordnung
   gefällt, klebe sie auf.

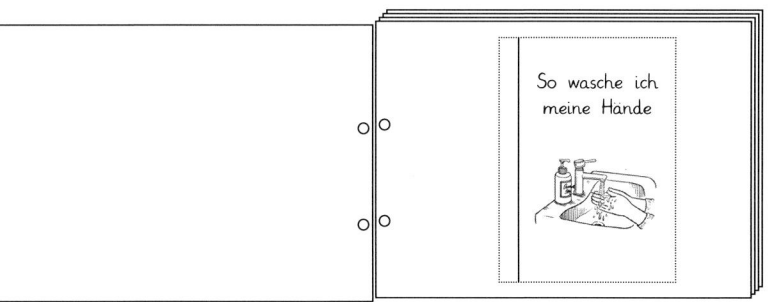

5. Nun kannst du die Seiten mit
   einem Wollfaden oder einem Band
   zusammenbinden. Das Titelblatt liegt oben.

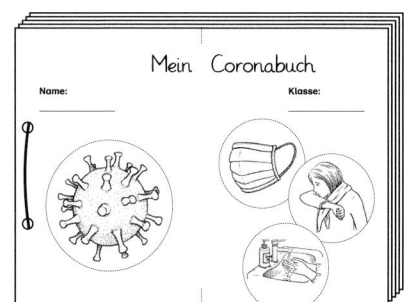

Mein Coronabuch

Name: _____

Klasse: _____

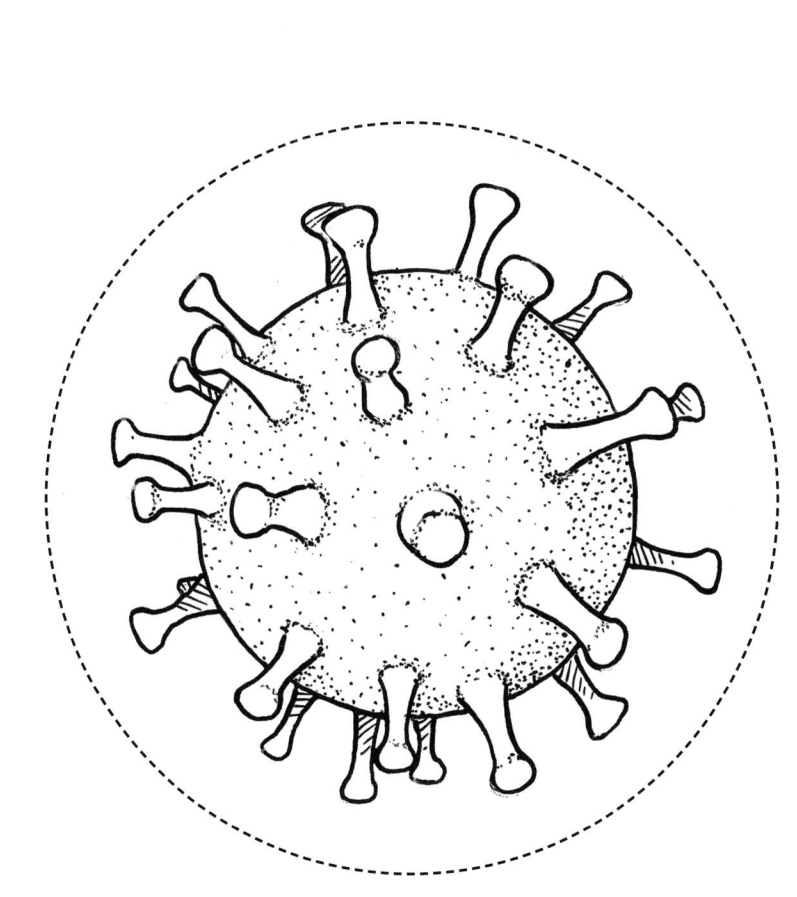

Was ist Corona?

Corona ist ein Virus. Viren sind winzig klein und man kann sie mit bloßem Auge nicht sehen. Dafür braucht man ein Mikroskop. Unter dem Mikroskop sieht das Corona-Virus ein bisschen wie eine Kugel mit einer Krone aus. Das Wort Corona bedeutet übersetzt Kranz oder Krone.

Viren können krank machen. Das Corona-Virus löst die Krankheit **COVID-19** aus. COVID ist die Abkürzung für die englischen Worte **Co**rona **Vi**rus **D**isease. Das bedeutet Corona-Virus-Krankheit. Die 19 steht für das Jahr 2019. Da ist die Krankheit zum ersten Mal ausgebrochen. Gesunden und jüngeren Menschen schadet das Corona-Virus meist nicht. Sie fühlen sich erkältet, haben Husten, Schnupfen oder Fieber. Ihre Körper können das Virus gut selbst bekämpfen. Sie werden schnell wieder gesund und müssen auch nicht in ein Krankenhaus. Ältere Personen oder Menschen, die schon eine andere Krankheit haben, können das Virus selbst nicht so gut bekämpfen. Ihre Körper sind schwächer, deshalb kann das Virus sie sehr krank machen. Das Corona-Virus greift ihre Lungen an. Die Menschen können dann schwer atmen und bekommen schlechter Luft. Wenn sich die Lunge entzündet, müssen die Personen in ein Krankenhaus.

Das Virus verbreitet sich über die Luft und ist ziemlich ansteckend. Damit möglichst viele Personen behandelt werden können und der Platz in den Krankenhäusern ausreicht, dürfen nicht so viele Menschen gleichzeitig krank werden. Deshalb ist es im Moment wichtig, zu Hause zu bleiben und Menschenmassen zu meiden. Denn wo viele Menschen sind, können sich auch viel mehr Menschen anstecken und das Virus verbreiten. Um das zu verhindern, wurden Veranstaltungen wie Konzerte und Fußballspiele verboten und für einige Wochen Schulen, Geschäfte, Kinos, Sportplätze und viele andere öffentliche Einrichtungen geschlossen.

Zurzeit gibt es noch kein Medikament gegen Corona. Forscher arbeiten aber an einem Impfstoff. Bis es eine Impfung gibt, kann es noch etwas dauern. Denn bevor ein Medikament oder Impfstoff herausgebracht wird, müssen die Forscher viele Tests machen. Sie müssen überprüfen, ob das Medikament wirkt und ob es für den Menschen ungefährlich ist. Experten denken, dass es nächstes Jahr vielleicht einen Impfstoff gegen COVID-19 geben könnte.

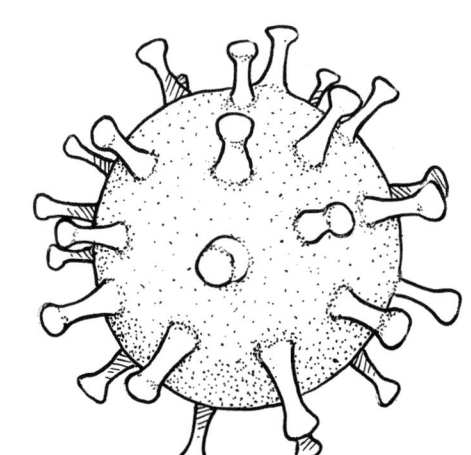

Was ist Corona? – Klappbuch

1. 👓 Lies den Text „Was ist Corona?".
2. ✂ Schneide das Klappbuch rundherum aus.
3. ✂ Schneide danach das Fenster ein.
4. ✏ Setze die fehlenden Wörter in den Lückentext ein.
   Die Begriffe im Kasten helfen dir.
5. 🗺 Knicke das Büchlein in der Mitte und lege beide Seiten aufeinander.
   Das Fenster ist vorne.
6. 🧴 Klebe das Klappbuch mit der Rückseite in dein Faltbuch.

Was ist Corona?

Corona ist ein _____ .

Unter dem _____ sieht es

aus wie eine _____ .

Das Corona-Virus löst die Krankheit

_____ aus.

Dabei wird die _____ angegriffen

und man kann schlecht _____ .

Die Forscher arbeiten an einem

_____ gegen Corona.

COVID-19 – Impfstoff –
atmen – Virus – Lunge –
Mikroskop – Krone

Wie hat sich das Virus verbreitet?

Wo hat alles angefangen?
Das Corona-Virus ist als Erstes Ende 2019 in Wuhan ausgebrochen.
Das ist eine große Stadt in China. Viele Chinesen haben
sich auf einem Markt in Wuhan angesteckt. Dort wurden
Fisch, Fleisch und Wildtiere verkauft.
Vielleicht trug ein Tier das Corona-Virus in sich oder ein
Mensch war krank. Das weiß man leider nicht genau.
Forscher glauben auch, dass das Virus von Fledermäusen
kommt und auf den Menschen übertragen wurde. Aber ob
das stimmt, muss erst noch weiter untersucht werden!

chinesische
Staatsflagge

Epidemie und Pandemie
Das Virus hat sich in China schnell verbreitet und immer mehr Menschen
wurden krank. Wenn viele Menschen in kurzer Zeit in einem bestimmten
Gebiet die gleiche Krankheit bekommen, nennt man das eine **Epidemie.**

Doch das Virus ist nicht in China geblieben, es hat sich auf der ganzen Welt
ausgebreitet. Denn viele Menschen haben nicht bemerkt, dass sie krank sind.
Sie sind mit dem Zug oder mit dem Flugzeug in andere Länder gereist
und haben dabei andere Menschen angesteckt. Diese Menschen haben
dann in ihrem Land weitere Leute angesteckt. So konnte das Virus in
viele verschiedene Länder gelangen und sich immer weiter verbreiten.

Mittlerweile gibt es das Corona-Virus auf allen Kontinenten unserer Erde,
nur in der Antarktis nicht. In fast allen Ländern sind viele Menschen krank.
Die meisten Erkrankten gibt es in den USA, Brasilien, Spanien, Italien,
Frankreich, Großbritannien, Russland und in Deutschland.

Wenn so viele Menschen auf der ganzen Welt in kurzer
Zeit die gleiche Krankheit bekommen, nennt man das
eine **Pandemie.** Am 11.03.2020 hat die Weltgesundheits-
organisation (WHO) COVID-19 offiziell als Pandemie
eingestuft. Die WHO kümmert sich um die Gesundheit
der Menschen auf der Welt und bekämpft Krankheiten.

BVK • Lapbook „Corona"

Wie hat sich das Virus verbreitet? – Klappkarte

1. 👓 Lies den Text „Wie hat sich das Virus verbreitet?".
2. ✂ Schneide die Weltkarte aus.
3. 📖 Knicke sie an den gestrichelten Linien nach innen.
4. ✏ Zeichne die Ausbreitung des Corona-Virus auf der Karte ein.
   Tipp: Arbeite mit dem Internet oder nimm einen Atlas zu Hilfe.
5. ✏ Schreibe die Überschrift „Wie hat sich das Virus verbreitet?" außen
   auf die Klappkarte. Wenn du möchtest, kannst du das Deckblatt auch noch
   bunt ✏ anmalen.
6. 🧽 Klebe die Weltkarte mit der Rückseite in dein Faltbuch. Achte darauf,
   nur die Rückseite der Karte und nicht die Klappen festzukleben!

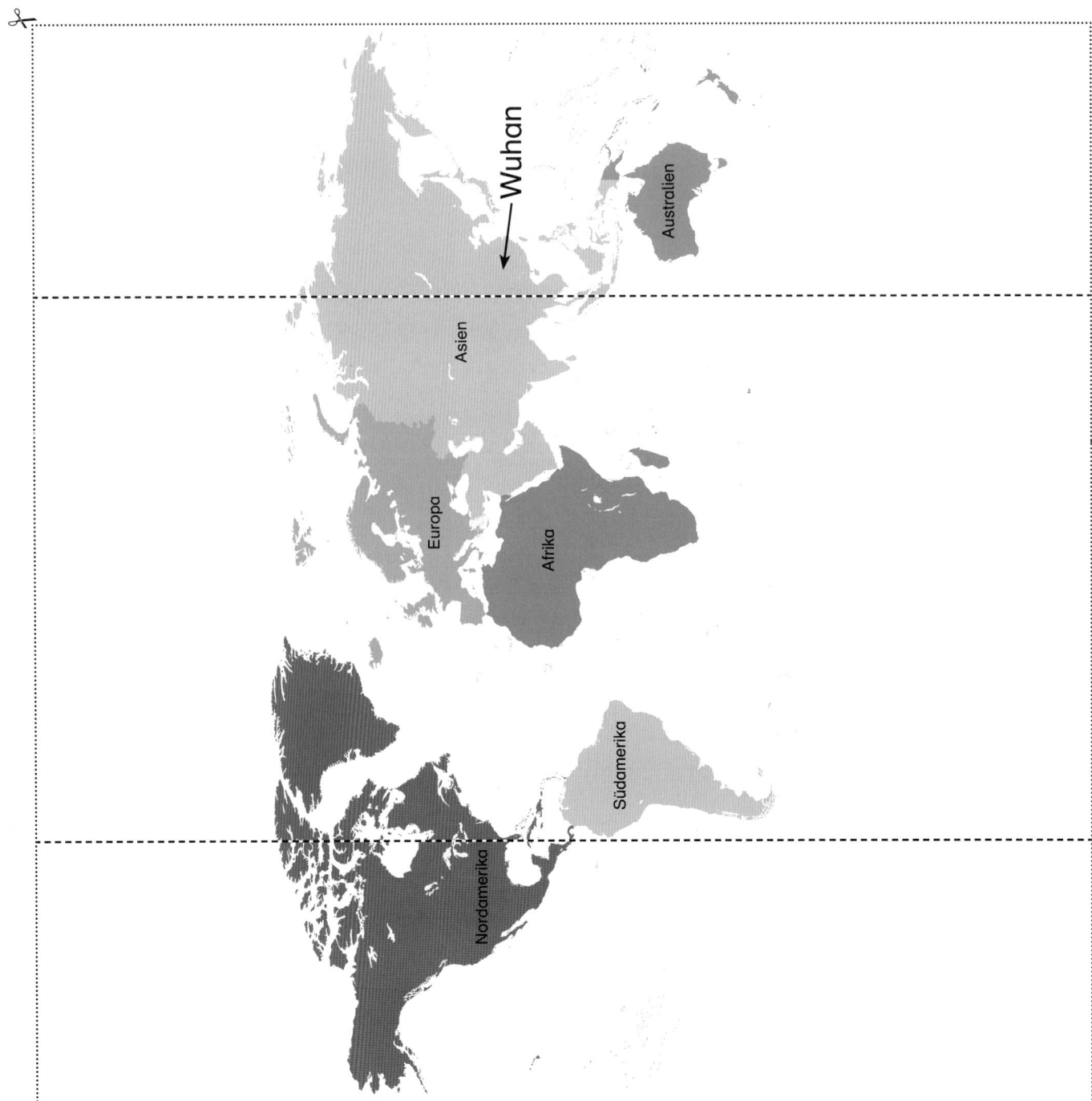

Epidemie und Pandemie – Klappsechsecke

1. 👓 Lies den Text „Wie hat sich das Virus verbreitet?".
2. ✂️ Schneide die Klappsechsecke aus.
3. 📖 Knicke sie an der gestrichelten Linie nach hinten.
   Die Schrift ist nun vorne.
4. 👓 Lies die Fragen und ✏️ schreibe die Antworten auf
   die Innenseite der Klappsechsecke.
5. 🧴 Klebe die beiden Klappsechsecke mit der Rückseite
   in dein Faltbuch.

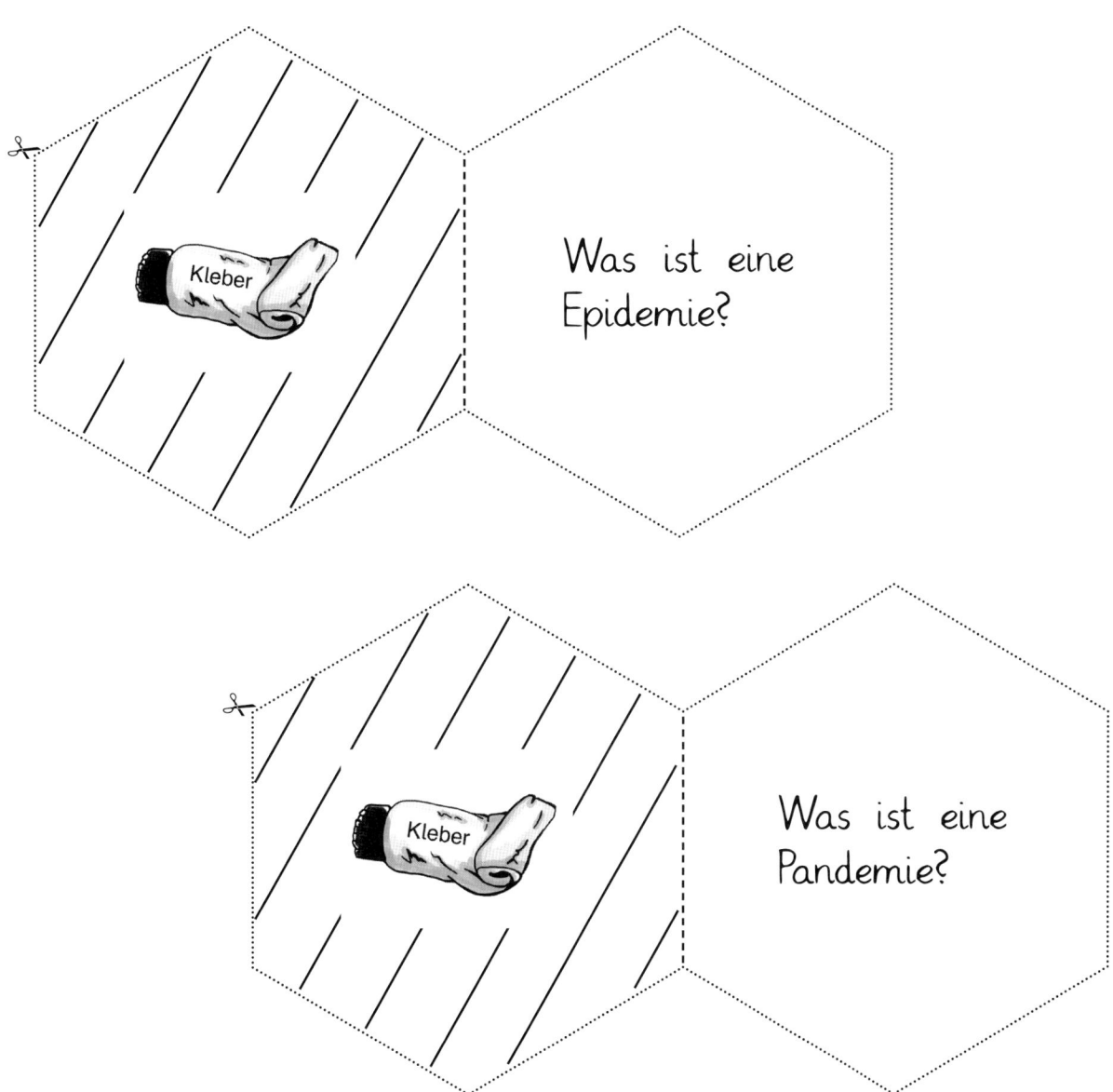

Was ist eine Epidemie?

Was ist eine Pandemie?

Wie wird das Corona-Virus übertragen?

Corona-Viren werden über Tröpfchen übertragen.
Das passiert zum Beispiel beim Sprechen, Niesen
oder Husten. Dabei werden die Viren mit dem Atem
als kleine Tröpfchen in die Luft geschleudert.
Wenn ein kranker Mensch jemanden in seiner Nähe
anniest oder anhustet, kann die andere Person
die Viren über die Luft einatmen und sich anstecken.
Das nennt man **Tröpfcheninfektion.** Da die
Tröpfchen sehr leicht sind, fliegen sie gut und fallen
schnell wieder hinab. Deshalb ist es gerade so wichtig,
mindestens 1,5 Meter Abstand zu anderen Menschen zu
halten! Beim Corona-Virus sind es sehr kleine Tröpfchen,
die als sogenannte **Aerosole** in der Luft bleiben. Darum muss
man in Räumen gut lüften.

Weil Menschen sich häufig an die Nase oder an den Mund fassen,
kleben die Viren auch an den Händen der Erkrankten. Wenn sie dann
einer anderen Person ihre Hand geben, übertragen sie das Virus.
Das nennt man **Schmierinfektion.**
Die Viren kleben jetzt auch auf der Hand dieser Person. Wenn sie
sich nun mit ihrer Hand ins Gesicht fasst, können die Viren über die
Schleimhäute in den Körper gelangen. Aus diesem Grund sollten wir
uns zurzeit nicht die Hände geben!

Auch auf Türklinken, Griffen oder anderen Flächen
können Viren sein.
Wenn wir sie berühren und uns dann ins Gesicht
fassen, kann das Virus über die Schleimhäute in
den Körper wandern. Damit das nicht passiert,
sollten wir unsere Hände immer gut waschen und
möglichst wenige Dinge anfassen!

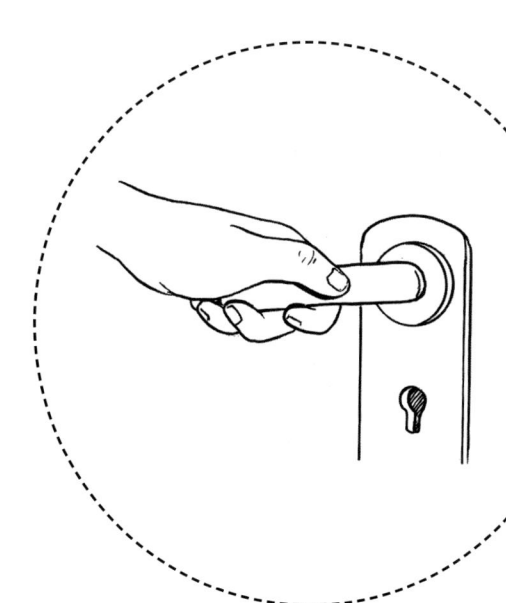

Wie wird das Corona-Virus übertragen? – Flipflap

1. 👓 Lies den Text „Wie wird das Corona-Virus übertragen?".
2. ✂ Schneide das Flipflap rundherum aus.
3. ✂ Schneide dann das Flipflap an den gepunkteten Linien vorsichtig ein.
4. ✎ Male die Bilder auf den Bildkarten aus und ✂ schneide sie aus.
5. 📖 Knicke die Klappen an den gestrichelten Linien nach hinten.
6. Wie kann das Corona-Virus übertragen werden?

   🖌 Klebe die Bilder hinter die Klappen.

   ✏ Schreibe Sätze auf die Klappen, die zu den Bildern dahinter passen.
7. 🖌 Klebe das Flipflap mit der Rückseite in dein Faltbuch.

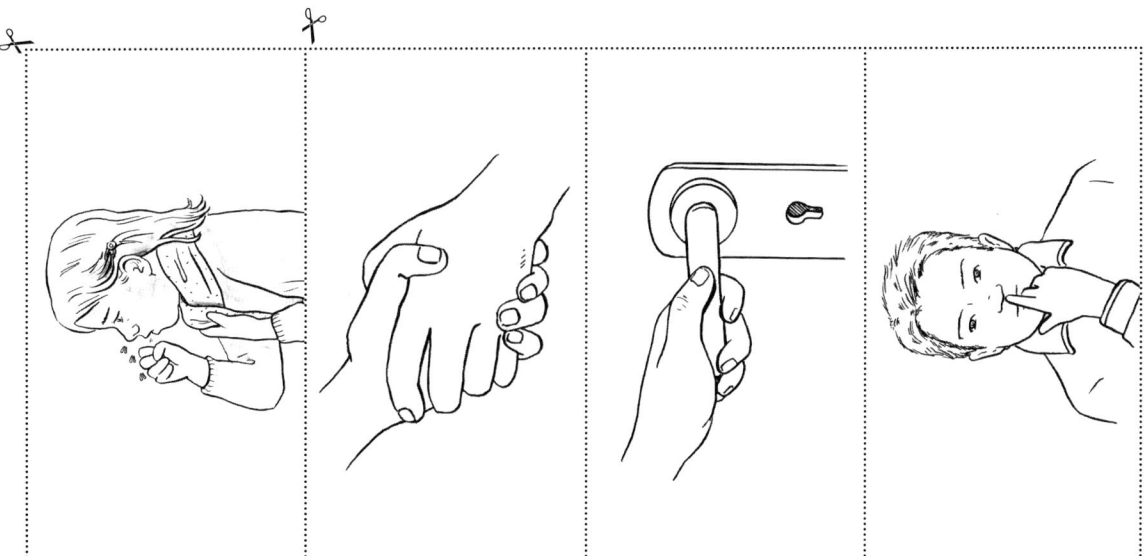

Wie wird das Corona-Virus übertragen? – Flipflap

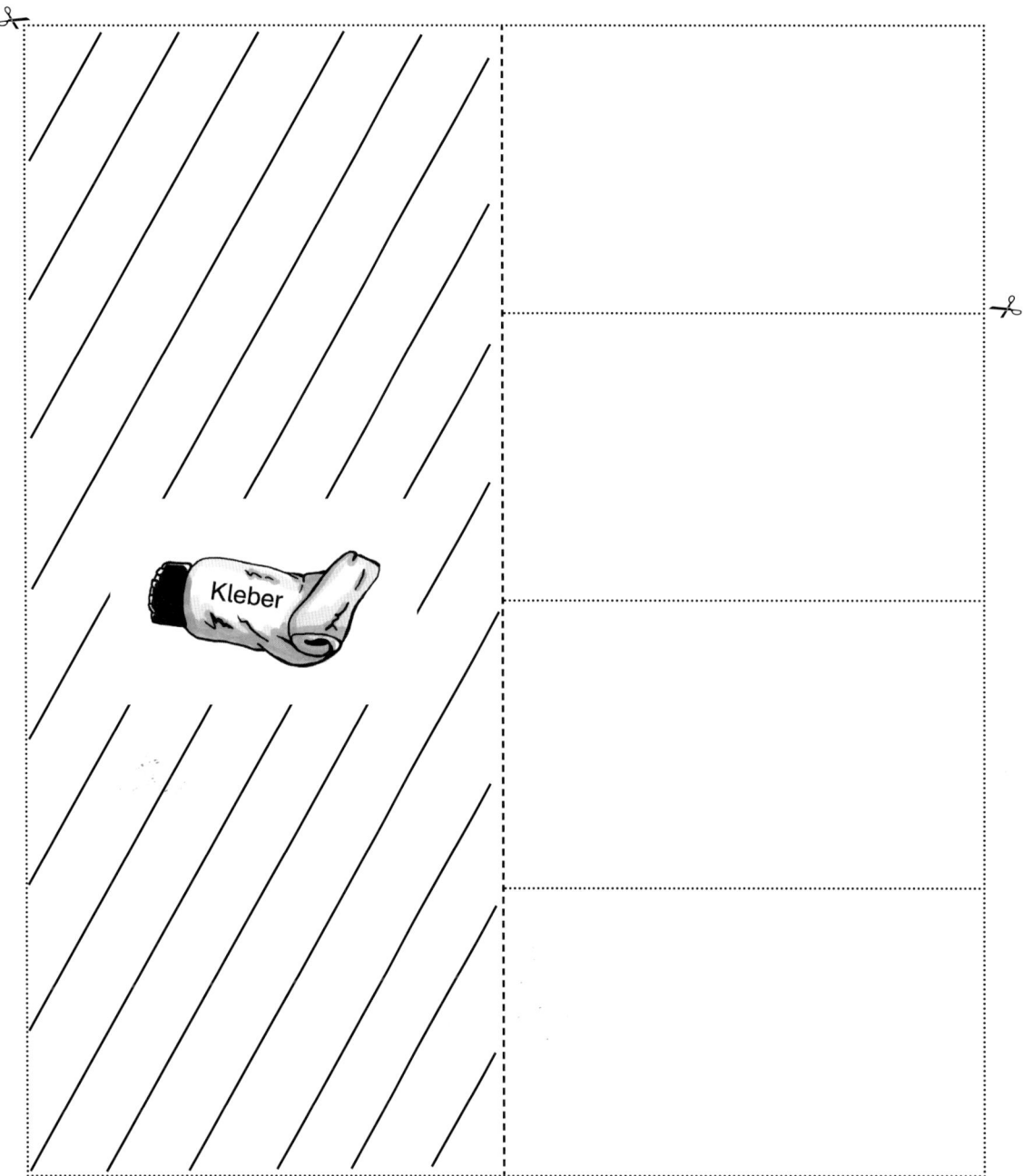

So können wir uns vor Corona schützen

Da das Corona-Virus noch nicht so gut erforscht ist und es bislang noch keinen Impfstoff gegen die Krankheit COVID-19 gibt, müssen wir uns selbst und andere vor einer Ansteckung schützen, um die Ausbreitung des Virus zu verhindern!

Es ist wichtig, dass du weiterhin so viel wie möglich **zu Hause** bleibst und dich nicht mit anderen Menschen triffst. Das ist schwierig, weil du deine Freunde oder deine Großeltern natürlich gerne sehen möchtest. Aber du kannst zum Beispiel mit ihnen telefonieren, ihnen Nachrichten schicken oder einen Video-Chat mit ihnen machen.

Wasche deine Hände regelmäßig und gründlich mit Seife. Versuche, dir **nicht mit den Händen ins Gesicht** zu fassen. Du solltest auf keinen Fall deine Augen, deine Nase oder deinen Mund mit verschmutzten Händen berühren! Wenn du niesen und husten musst, niese und huste in **deine Armbeuge.** Du kannst auch in ein Taschentuch niesen. Danach solltest du das Tuch direkt in einem Mülleimer entsorgen und dir die Hände waschen!

Halte zu Menschen außerhalb deiner Familie einen **Abstand** von mindestens 1,5 Metern ein. Es kann helfen, einen **Mund-Nasen-Schutz** zu tragen. Solche Schutzmasken können die Tröpfchen auffangen, die beim Sprechen, Niesen oder Husten aus dem Mund fliegen. Wenn alle solche Masken tragen, sind weniger Viren in der Luft unterwegs. Eine Stoffmaske schützt dich aber nicht vollständig vor einer Ansteckung! Viele Geschäfte oder öffentliche Verkehrsmittel dürfen nur noch betreten werden, wenn Mund und Nase bedeckt sind.

BVK • Lapbook „Corona"

So können wir uns vor Corona schützen – Ziehharmonika

1. 👓 Lies den Text „So können wir uns vor Corona schützen".
2. ✏ Male die Bilder auf der Ziehharmonika an.
3. ✂ Schneide die Ziehharmonika aus.
4. ✐ Schreibe auf die Linien, wie wir uns vor Corona schützen können. Die Bilder helfen dir!
5. 📖 Knicke die Ziehharmonika an den gestrichelten Linien. Der Titel „So können wir uns vor Corona schützen" sollte vorne sein.
6. 🖌 Klebe die Ziehharmonika mit dem letzten Streifen in dein Faltbuch.

So können wir uns vor Corona schützen – Ziehharmonika

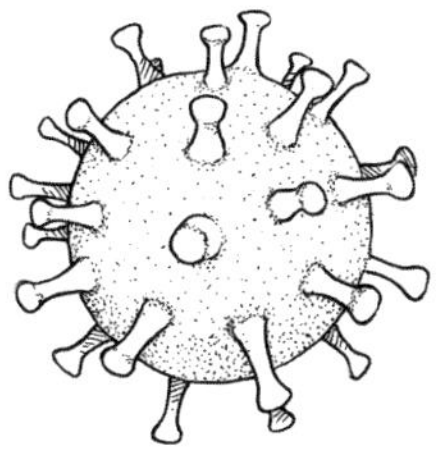

So können wir uns vor Corona schützen

_____
_____
_____

_____
_____
_____

1,5 Meter Abstand

_____
_____
_____

_____
_____
_____

_____
_____

BVK • Lapbook „Corona"

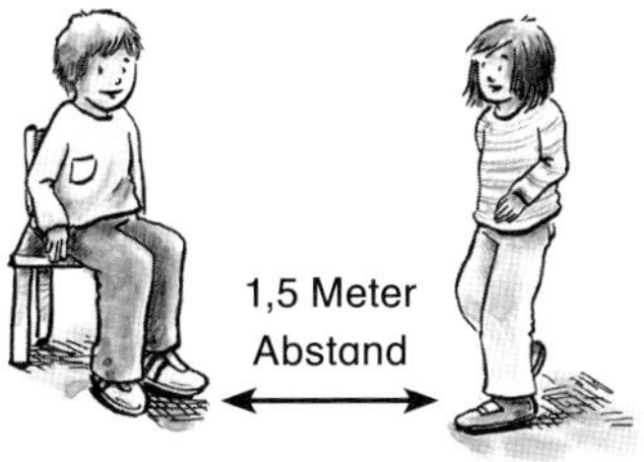

Warum ist Händewaschen wichtig?

Durch richtiges Händewaschen kannst du dich vor Corona und vor anderen Krankheiten schützen. Auch wenn deine Hände gar nicht schmutzig aussehen, ist das Waschen sehr wichtig! Denn Wasser und Seife machen die Hände nicht nur wieder sauber, sondern zerstören auch winzige Viren und Keime. Wenn sie zerstört werden, können sie nicht mehr weiter verteilt werden oder über die Schleimhäute in deinen Körper gelangen. Damit alle Viren abgewaschen werden, solltest du beim Händewaschen folgende **Tipps** beachten:

Wasche dir die Hände ...
• vor und nach dem Essen.
• , wenn du auf der Toilette warst.
• nach dem Naseputzen, Husten oder Niesen.
• , wenn du ein Tier gestreichelt hast.
• , nachdem du draußen gespielt hast.
• immer direkt, wenn du nach Hause kommst!

Händewaschen Schritt für Schritt:
1) Drehe den Wasserhahn auf und mache deine Hände nass.
2) Benutze Seife! Die Seife zerstört die Schutzhülle der Viren.
3) Seife deine Hände rundherum ein. Denke auch an die Zwischenräume zwischen den Fingern, den Handrücken und das Handgelenk!
4) Reibe die Seife mindestens 30 Sekunden lang ein. Das dauert etwa so lange wie zwei Mal *Happy birthday* singen.
5) Wasche die Seife mit Wasser gut ab.
6) Trockne deine Hände mit einem sauberen Tuch ab!

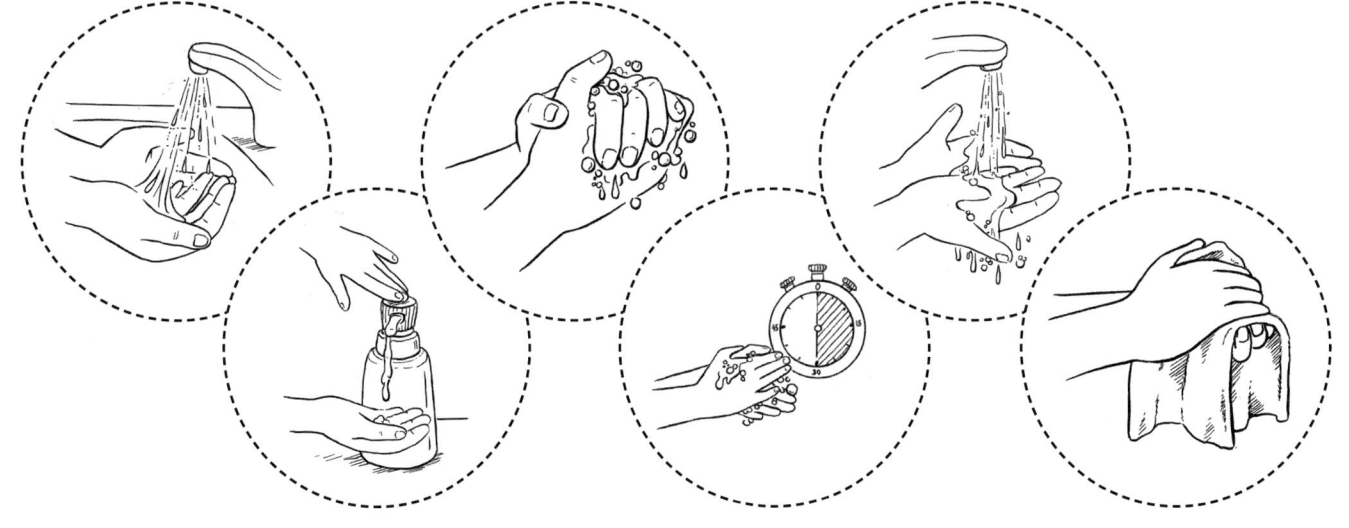

Warum ist Händewaschen wichtig? – Minibuch

1. 👓 Lies den Text „Warum ist Händewaschen wichtig?".
2. ✂ Schneide die Seiten für das Minibuch aus.
3. ✏ Male das Titelblatt und die Bilder an.
4. 🧴 Klebe alle Seiten des Minibuches an den Klebeflächen aneinander hinter das Titelblatt.
5. Wie wäschst du deine Hände richtig? ✂ Schneide die Bilder aus und bringe sie in die richtige Reihenfolge. 🧴 Klebe sie dann auf die Seiten des Minibuches.
6. ✏ Schreibe nun passende Sätze zu den Bildern in dein Minibuch.
7. 🧴 Klebe das Minibuch mit der Rückseite der letzten Seite in dein Faltbuch.

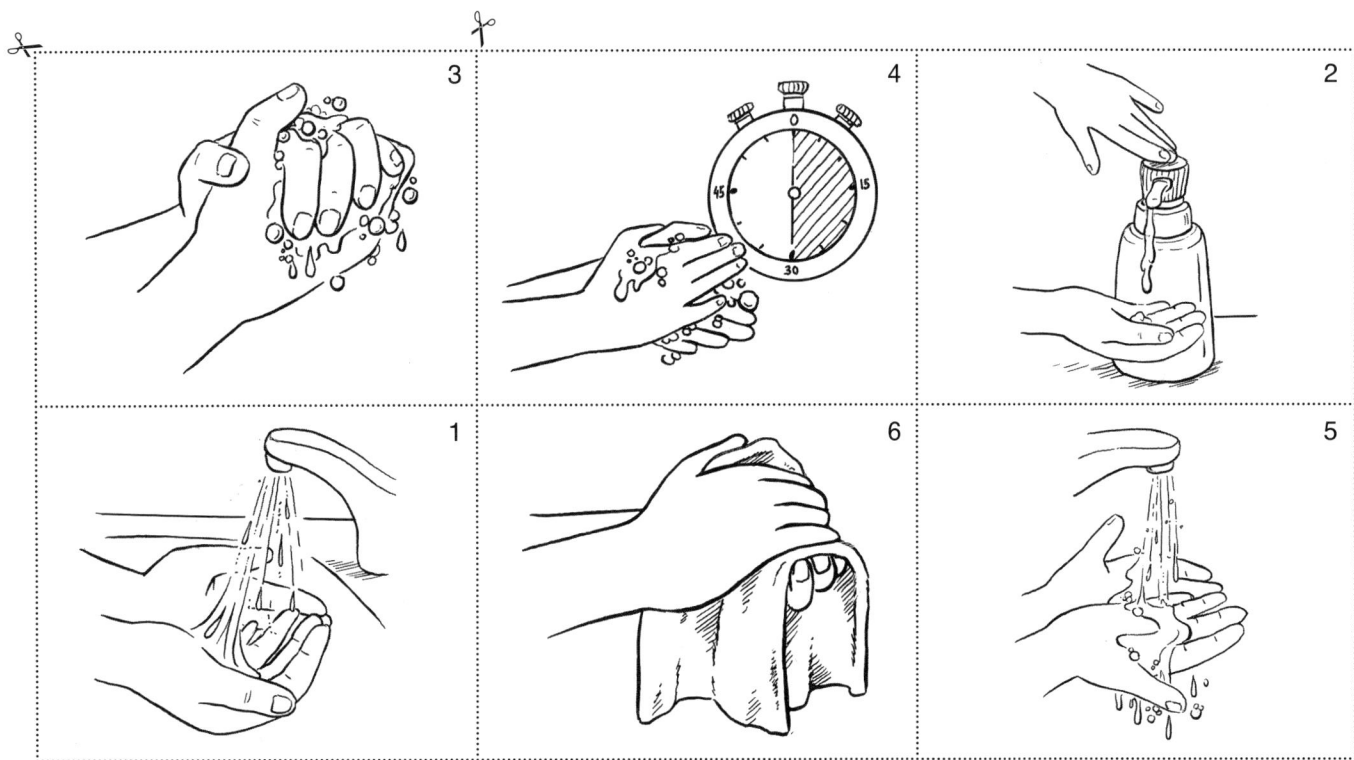

So wasche ich
meine Hände

Warum ist Händewaschen wichtig? – Minibuch

Back to school –
Darauf muss ich jetzt in der Schule achten!

Nach so einer langen Zeit ohne Schule freust du dich bestimmt darauf, wieder in die Schule gehen zu können. Endlich kannst du deine Freunde und Lehrer wiedersehen und es findet wieder Unterricht statt. Bestimmt werden deine Lehrer mit dir über das Corona-Virus und über die Themen Hygiene und Gesundheit sprechen. Denn das ist jetzt sehr wichtig!

Weil das Virus von Mensch zu Mensch übertragen wird, muss man auch in der Schule an einige Dinge denken. Deshalb gibt es in allen Schulen nun Hygiene-Konzepte mit festgelegten Regeln. Diese können von Schule zu Schule anders sein, da die einzelnen Bundesländer die Regeln selbst aufstellen. Informationen zu allen Richtlinien der Bundesländer findest du auf der Homepage des Ministeriums für Schule und Bildung deines Bundeslandes und natürlich auch auf den Internetseiten der einzelnen Schulen.

Bestimmt schwirren dir viele Fragen und Gedanken durch den Kopf:
„Worauf muss ich jetzt in der Schule achten? Was ist anders als vorher? Was darf ich machen oder nicht machen? Wie kann ich mich und andere schützen?"
Wichtig ist, dass du keine Angst hast! Pass auf dich selbst auf und nimm Rücksicht auf deine Mitschüler und Lehrer. Haltet euch gemeinsam an die neuen Regeln. Viele Regeln befolgst du bestimmt schon, andere musst du vielleicht erst noch lernen. Das geht aber ganz schnell!

👓 Lies die Liste mit wichtigen Regeln für die Schule und die Tipps, wie du sie einhalten kannst.

Darauf muss ich jetzt in der Schule achten!

1. Komme nur zur Schule, wenn du **gesund** bist!

2. **Vermeide Körperkontakt** und Berührungen, wie zum Beispiel Händeschütteln, Umarmen, Abklatschen. Zur Begrüßung kannst du deinen Freunden winken oder ihnen zulächeln.

3. **Teile niemals Gegenstände** mit deinen Mitschülern, die du mit deinem Mund berührst, wie zum Beispiel Trinkflaschen, Becher, Gläser oder Pausenbrote.

4. **Teile keine Arbeitsmaterialien,** die du angefasst hast, wie zum Beispiel Stifte, Radiergummis, Lineale ...

5. Tausche deinen **Sitzplatz** im Unterrichtsraum nicht mit anderen Schülern.

6. Verbringe die Pausen nach Möglichkeit **draußen** auf dem Schulhof.

7. Wähle innerhalb des Schulgebäudes bitte immer den **kürzesten Weg** oder die gekennzeichneten Wege.

8. **Fasse dir mit deinen Händen nicht ins Gesicht.** Vermeide es, Mund, Augen oder Nase zu berühren.

9. Halte beim Husten oder Niesen **Abstand** (mindestens 1,5 Meter) und drehe dich am besten weg.

10. Niese immer in **deine Armbeuge** oder in ein **Papiertaschentuch.** Wirf das Tuch danach in den Müll!

11. **Wasche deine Hände regelmäßig** mit Seife. Das ist besonders wichtig nach Pausen und Sportaktivitäten, nach dem Naseputzen, Niesen oder Husten, vor dem Essen und nach dem Toilettengang.

12. An manchen Schulen muss ein **Mund-Nasen-Schutz** getragen werden. Das ist aber an jeder Schule anders. Hier ist es wichtig, sich vorab zu informieren.

Back to school – Darauf muss ich jetzt in der Schule achten! – Briefumschlag

1. 👓 Lies den Text „Back to school – darauf muss ich jetzt in der Schule achten!" und die Regeln.
2. Worauf musst du jetzt in der Schule achten? Welche Regeln sind besonders wichtig? ✏️ Schreibe sie auf die Karten. Du kannst auch Bilder dazu ✏️ malen.
3. ✂️ Schneide die Karten aus.
4. ✏️ Male den Briefumschlag an. ✂️ Schneide ihn danach aus.
5. 📖 Knicke den Umschlag an den gestrichelten Linien nach hinten.
6. 🧴 Klebe ihn an den seitlichen Klebeflächen zusammen.
7. Die Lasche kann nun als Verschluss umgeklappt werden.
8. 🧴 Klebe den Briefumschlag mit der Rückseite in dein Faltbuch.
9. Stecke die Karten in den Umschlag.

Back to school – Darauf muss ich jetzt in der Schule achten! – Briefumschlag

Darauf muss ich jetzt
in der Schule achten!

Das kann ich zu Hause machen – Faltblume

1. ✂ Schneide die Faltblume und die Bilder aus.
2. Damit sich das Corona-Virus nicht verbreitet, verbringen wir viel Zeit
   zu Hause.
   Was kannst du zu Hause machen? Suche aus und 🧴 klebe die Bilder
   in die Blütenblätter. Fallen dir noch weitere Aktivitäten ein?
   ✏ Male oder ✏ schreibe sie dazu!
3. ✏ Male die Bilder und die Blume an. Denke auch an die Rückseite
   der Blütenblätter.
4. 🗺 Knicke die Blütenblätter an den gestrichelten Linien nach innen.
5. 🧴 Klebe die Faltblume mit der Rückseite in dein Faltbuch. Achte darauf,
   nur die Rückseite der Blume und nicht die Blütenblätter festzukleben!

Das kann ich zu Hause machen – Faltblume

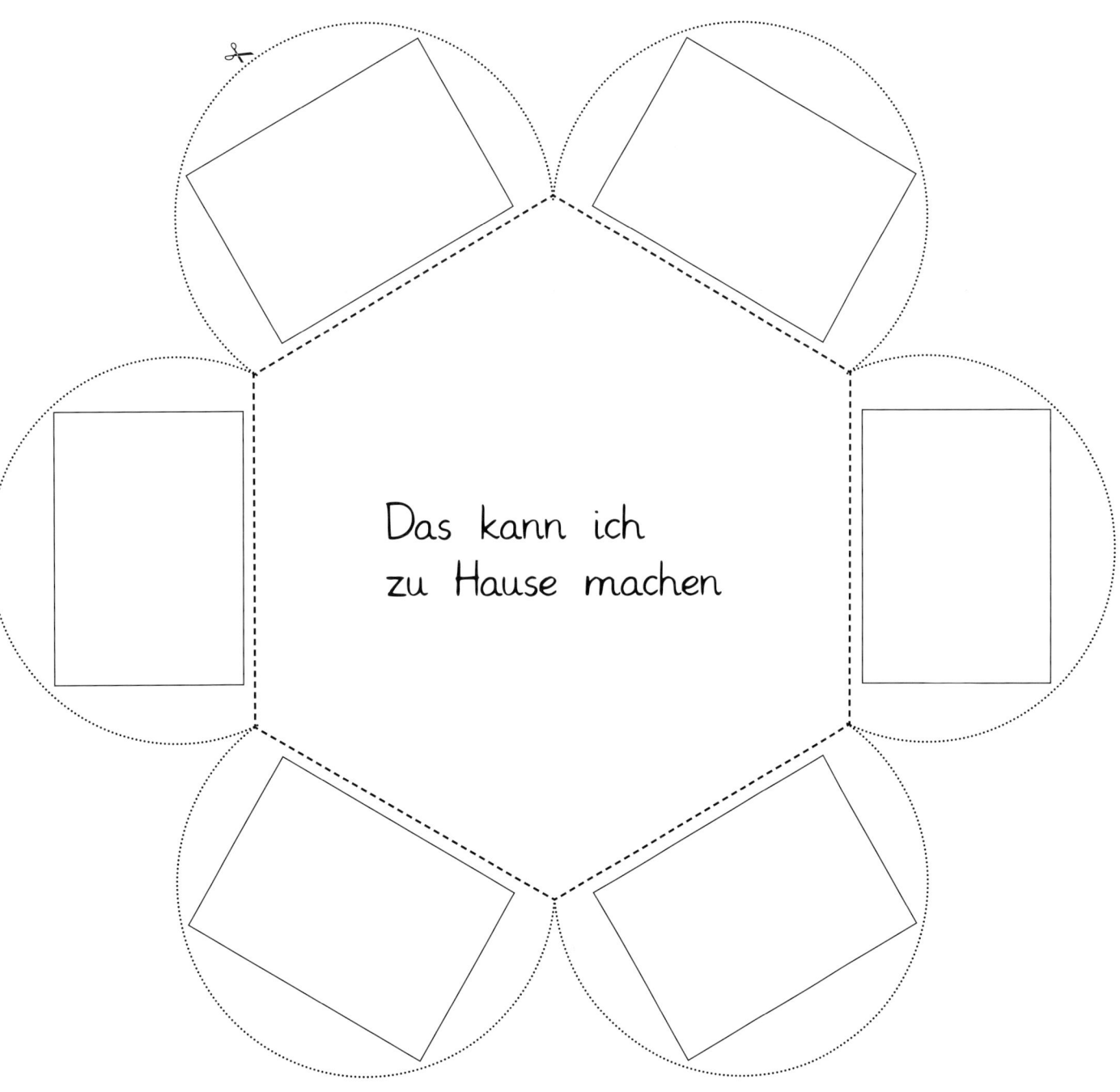

Das kann ich
zu Hause machen

Das wünsche ich mir – Wolkenfächer

1. ✂ Schneide die Wolken aus.
2. Im Moment ist vieles anders. Was wünschst du dir gerade besonders? Was würdest du gerne machen? ✏ Male und ✏ schreibe deine Wünsche auf die Wolken.
3. ✂ Schneide alle Teile des Fächers aus und loche sie an der vorgegebenen Stelle.
4. Stecke alle Wolken mit einer ▬0 Musterklammer zu einem Fächer zusammen. Achte darauf, dass das Deckblatt „Das wünsche ich mir" oben ist.
   Tipp: Wenn du keine ▬0 Musterklammer hast, kannst du auch eine Kordel nehmen. Ziehe sie durch die Löcher und knote die beiden Enden zusammen.
5. 🧴 Klebe den Fächer mit der Rückseite der letzten Seite in dein Faltbuch.